patchworkverlag

RUND UMS HAUS   JOHANNA RUPRECHT

SCHRITT-FÜR-SCHRITT-ANLEITUNGEN

PATCHWORK NACH DER RASTERTECHNIK

EIN ARBEITSBUCH

Copyright © 2002 Johanna Ruprecht

Rund ums Haus: Patchwork nach der Rastertechnik
• Schritt-für-Schritt-Anleitungen / Johanna Ruprecht. -
Ludwigsburg: Bernd Angermann Patchworkverlag, 2002

ISBN 3-936672-03-2

Alle Rechte vorbehalten. Kein Teil dieses Buches darf in irgendeiner Form (Druck, Fotokopie oder einem anderen Verfahren) ohne schriftliche Genehmigung des Verlags reproduziert oder unter Verwendung elektronischer Systeme verarbeitet, vervielfältigt oder verbreitet werden.

Die in diesem Buch veröffentlichten Ratschläge sind von der Verfasserin sorgfältig erwogen und geprüft. Trotzdem sind Fehler nicht ganz auszuschließen. Der Verlag sieht sich deshalb gezwungen, darauf hinzuweisen, dass weder eine Garantie noch die juristische Verantwortung oder irgendeine Haftung für Folgen, die auf fehlerhafte Angaben zurückgehen, übernommen werden kann. Für die Mitteilung eventueller Fehler ist die Autorin jederzeit dankbar.

Bei der Anwendung im Unterricht und in Kursen ist auf dieses Buch hinzuweisen.

Druck: Digitaldruck Brunner, Freiberg
Printed in Germany

Inhaltsverzeichnis

Rund um's Haus

Häuser und Tannen	06 - 13
kleines Anwesen	14 - 17
Blockhäuser	18 - 25
Tanne	26
Stadtansicht	27 - 33
Fachwerkhaus	34 - 41
Dorf	42 - 60
Häuschen	61 - 64
Schulhaus	65 - 66

Vorwort

Mit meinen Büchern möchte ich Sie Schritt für Schritt beim Nähen Ihrer Arbeiten begleiten. Auch dieses hier ist ein Arbeitsbuch. In der Literatur zum Thema Patchwork findet man selten wirklich ausführliche und praxisnahe Nähanleitungen - und dies insbesondere bei der hier eingesetzten Methode, dem Patchworken nach der Rastertechnik mit dem Vlies. So möchte ich auch mit den in diesem Buch vorgestellten Mustern und Blöcken versuchen, diese Lücke ein kleines Stück auszufüllen.

Anleitungen dieser Art habe ich über die Jahre Teilnehmerinnen meiner Patchworkkurse als Begleitmaterial an die Hand gegeben - und man kann sagen, sie haben sich gut bewährt. Das Buch ist also aus der Praxis heraus entstanden und es ist als Anleitung für die Praxis gedacht.

Weitestgehend habe ich mich bemüht, bei den Schritt-für-Schritt-Anleitungen den Ballast schriftlicher Erläuterungen möglichst gering zu halten und das Hauptaugenmerk auf die grafisch-didaktische Ausgestaltung zu legen. Durch die Zeichnungen zu den Arbeitsgängen sollen Sie für Ihr praktisches Arbeiten in die Lage versetzt werden, die einzelnen Arbeitsschritte ohne große Ablenkungen rasch und deutlich erfassen und umsetzen zu können.

Ich wünsche Ihnen viel Freude beim »Patchen« und gutes Gelingen!

Einführung

Die Muster dieses Buches haben im Großen und Ganzen ein uns tagtäglich bewußt als auch unbewußt begleitendes Thema zum Inhalt: sie kreisen rund ums Haus. Beim Patchen dieser Muster können wir spielerisch und künstlerisch an die spezifischen und zugleich vielgestaltigen Hausformen herangehen; es stehen uns dabei viele Möglichkeiten der farblichen Gestaltung offen.

Das Haus ist ein in der Geschichte des Patchworks sehr häufig genutztes Motiv. Und dies ganz sicher nicht ohne Grund.

Besonders für die ersten Siedler des amerikanischen Kontinents bildete das Haus, die Blockhütte, den grundlegenden Schutz gegen die Elemente der Natur. Beim Muster Stadtansicht, welches auf dem Log-Cabin-Block basiert, habe ich diesem Punkt weitergehende Erläuterungen gewidmet.

Ein wesentlicher Grund für die Wahl von Häusern als Motiv dürfte aber auch der sein, dass in jedem Menschen ein Architekt lebt. Verfolgen wir das Treiben unserer Kinder, so merken wir bald, wie sie sich danach sehnen, kleine Räume, einen Schutz zu bauen. Beim zeichnerischen Verarbeiten der Welt ist nach der Sonne sehr oft schon das Haus das nächste Motiv. Das Haus wird durch die Fenster zu einem Wesen mit Augen, die Tür erscheint als Mund. Das Haus hat eine Physiognomie. Weiter gehört zur Kindesentwicklung das Spielen mit Blöcken und Kisten. Und welche unermesslichen Möglichkeiten haben uns Sandhaufen zum Anordnen ganzer Stadtgebilde geboten?

Das Haus besteht aus den Mauern mit den Fenstern und Türen. Das Dach ergänzt es nach oben, und der Schornstein wird ebenfalls in die Hausgestalt einbezogen. Das deckende, schützende Dach ist eine Urform des Hauses, wie sie z.B. noch die wandlosen Schafställe der Lüneburger Heide zeigen. Die Mauern dienen zum Schutz, als Verteidigungsanlage. So kommt das Wort Mauer von "munire" = sich schützen. Die Fenster geben uns Gelegenheit zur "Schau" nach außen. Die Türen schließlich sind Mauerlöcher, zum Ein- und Ausgehen.

Bevor wir nun ans Werk gehen, möchte ich noch ein paar Worte zur Rastertechnik vorausschicken und einige für die Praxis wesentliche Nähhinweise geben, die bei allen Mustern dieses Buches beachtet werden sollten. Sind Ihnen meine vorangegangenen Bücher bereits bekannt, so können Sie den folgenden Vorspann gleich überspringen.

Die Rastertechnik

Sowohl für den Anfänger als auch für bereits versierte Patchworker gestaltet sich das Spiel mit Stoffen, Formen und Farben leichter, wenn man das richtige Material und die richtigen Hilfsmittel wählt. Alle im Buch vorgestellten Blöcke werden daher nach der Rastertechnik auf Vliesen genäht. Patchworken mit dem Rastervlies ist eine rationale Alternative zur traditionellen Schablonentechnik. Durch das Nähen auf Leitlinien haben Sie immer eine Orientierungshilfe vor Augen und Sie erzielen ein exaktes Ergebnis. Geometrische Muster und Formen lassen sich schnell, präzise und perfekt verwirklichen. Schablonen sind nicht mehr notwendig. Vliese gibt es im Handel mit aufgedruckten 1 x 1 cm-Quadraten, wobei zusätzlich 5 x 5 cm-Quadrate hervorgehoben sind, zu kaufen. Auch Vliese mit 60 Grad-Winkel-Rastern sind erhältlich, werden jedoch für die Muster dieses Buches nicht benötigt. Beim Arbeiten mit Rastervliesen sind beispielsweise beim Zusammennähen der einzelnen Blockteile die Nählinien und Nahtzugaben leicht zu erkennen und es wird ein genaues Arbeiten gefördert. Das ganze verhilft Ihrem Werk letztlich zu exakten Nähten und einer klaren Optik. Eine weitere Erleichterung ist, daß Sie beim Zuschneiden der Stoffe nicht mehr auf den Fadenlauf achten müssen, da die Stoffe sich durch die Fixierung auf der Vliesgrundlage selbst beim späteren Bügeln nicht mehr verziehen können.

Nähhinweise

Nahtzugabe bei den Vliesen und Stoffen

Bei den in diesem Buch vorgestellten Mustern ist bei den dargestellten Vliesen immer jeweils die erforderliche Nahtzugabe (meist 1 cm) berücksichtigt. Die Nahtzugaben sind erforderlich, damit am Schluß, wenn die Einzelteile zusammengenäht werden, der Gesamtblock die richtige Größe erhält. Wenn Sie später Muster in eigene Entwürfe umsetzen, müssen Sie also unbedingt die nötigen Nahtzugaben berücksichtigen. Ebenso dürfen bei den Stoffstreifen und bei zuzuschneidenden Stoffteilen nie die Nahtzugaben vergessen werden.

Anlegen der Stoffe zum Annähen

Die Stoffe werden an der unbedruckten Seite des Vlieses (der Vliesrückseite) aufgelegt. Genäht wird in der Regel von der bedruckten Seite her.

Eine Ausnahme davon bilden zum Beispiel Blockhausmuster. Solche werden verschiedentlich bei in diesem Buch vorgestellten Arbeiten verwendet. Dabei ist immer die herkömmliche Nähweise beschrieben und grafisch dargestellt. Wer möchte kann abweichend davon bei diesen Blöcken den **Abstandhalter** einsetzen, wodurch sich der Nähvorgang beschleunigen lässt.

Man geht dabei so vor, dass zum Einstellen des Abstands die Nähmaschinennadel auf derjenigen Linie des Vlieses, entlang der die Stoffe angenäht werden sollen, eingestochen wird, was es ermöglicht, den Abstandhalter an der 2 cm entfernt parallel zur Nählinie verlaufenden Vlieslinie zu fixieren. Der Stoff wird auf der nichtbedruckten Vliesrückseite rechts auf rechts und Kante an Kante auf den vorherigen Stoff gelegt und bei dieser Methode dann auch von der Vliesrückseite her angenäht. Stoffe und Vlies brauchen also nicht jedesmal umgewendet zu werden. Der Abstandhalter verläuft beim Nähen genau 2 cm neben der Nählinie entlang, wodurch ein exaktes Nähen möglich ist.

Zusammennähen der Blockteile

Um vor Überraschungen gefeit zu sein, ist es ratsam, zunächst die einzelnen Blockteile zu nähen und diese vorab zur Prüfung aneinanderzulegen. Erst dann, wenn man erkannt hat, daß das Muster stimmt, sollte man die Blöcke zusammennähen.

Häuser und Tannen

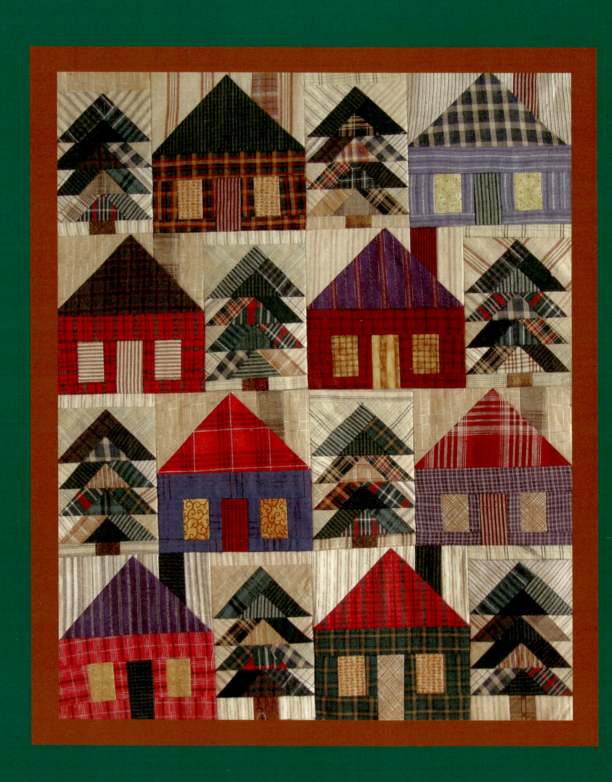

Häuser und Tannen | 07

Materialien

Unter der Rubrik Materialien finden Sie hier und auch bei den weiteren Mustern des Buches Angaben zu den benötigten Stoffen und Vliesen.

Stoffe

Häuser

Für die Häuser wählen Sie unterschiedliche Stoffe für Kamin, Dach, Hauswand, Türe, Fenster und Hintergrund.

Tannen

Bei den Tannen brauchen Sie Stoffe für den Grünbereich, den Stamm und den Hintergrund.

Vliese

Die Vliese werden in den unten dargestellten Maßen zugeschnitten. Und da eine gute Planung besonders beim Patchen wichtig ist, empfiehlt es sich, zum altehrwürdigen Bleistift (Stärke 5 B) zu greifen und vorab schon mal die Nählinien aufzuzeichnen sowie die Nähreihenfolgen zu vermerken.

Haus

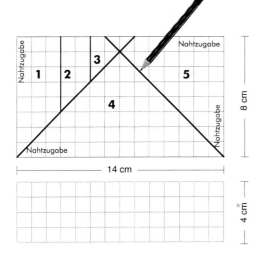

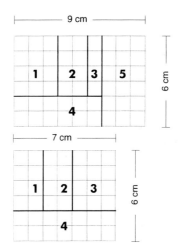

Tanne

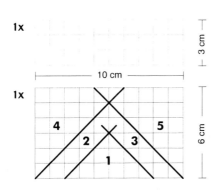

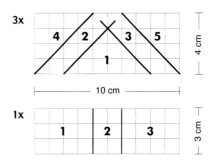

Häuser und Tannen

Nähvorgang des Hauses

1. Dach

Den Nähvorgang dieses ersten Musters stelle ich besonders ausführlich dar. Bei den weiteren in diesem Buch vorgestellten Mustern sind die Nähvorgänge dann im Grundsatz ähnlich.

Beginnen Sie damit, den Hintergrundstoff (1) und den Stoff für den Kamin (2) rechts auf rechts auf der Vliesrückseite zu platzieren.
Nähen Sie die beiden Stoffe dann entlang der Nählinie von der Vliesvorderseite, der bedruckten Seite, her an...

...und bügeln Sie die Stoffe um.

Als nächstes wird der kleine Hintergrundstoff (3) auf dem soeben angenähten Stoff 2 platziert, angenäht und umgebügelt.

Nun können die über die Nahtzugabe hinausragenden Teile der Stoffe - *nicht das Vlies!* - wie dargestellt schräg abgeschnitten werden.

Rechts können Sie das bisherige Ergebnis betrachten.

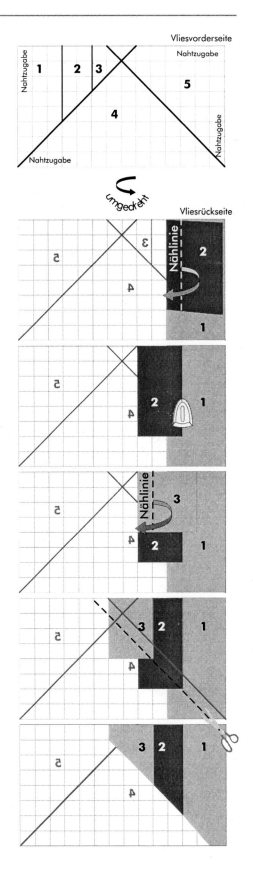

Häuser und Tannen | 09

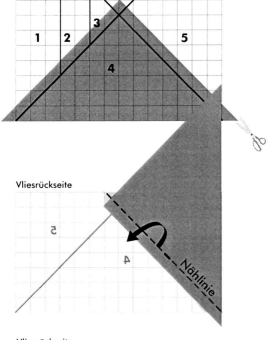

Schneiden Sie für das Dach einen Stoff in der nebenan dargestellten Größe zu.

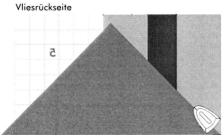

Nähen Sie den Dreiecksstoff für das Dach von der Vliesvorderseite (der bedruckten Seite) her entlang der Nählinie an...

...und bügeln Sie diesen um.

Abschließend ist für den Hintergrund ein Stoffstreifen mit den Maßen 6,5 x 11 cm anzubringen.

Legen Sie diesen dazu rechts auf rechts wie dargestellt auf, nähen Sie ihn an und...

bügeln Sie ihn um.
Die überstehenden Stoffteile werden am Vlies entlang abgeschnitten.

Zwischenstück

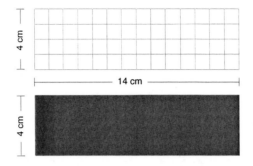

Für das unterhalb des Daches anzubringende Zwischenstück schneiden Sie einen Stoff in Vliesgröße - **14 x 4 cm** - zu.

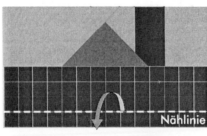

Legen Sie den zugeschnittenen Stoff zusammen mit dem Vlies rechts auf rechts auf dem bereits genähten Dachteil an, nähen Sie diese entlang der Nählinie fest...

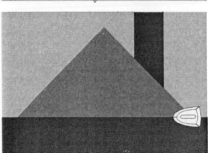

... und bügeln Sie den Stoff um.

Die Stoffe für die beiden Hauswandteile I und II können Sie in der nun bekannten Weise nach den angegebenen Reihenfolgen auf die Vliese nähen.

Hauswand I

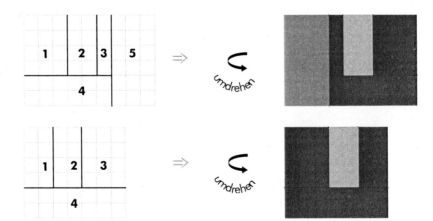

Hauswand II

Häuser und Tannen | 11

Zusammennähen der Hausteile

Auf dieser Seite ist dargestellt, wie die einzelnen bislang genähten Hausteile zusammengenäht werden, .

Hausteile I + II

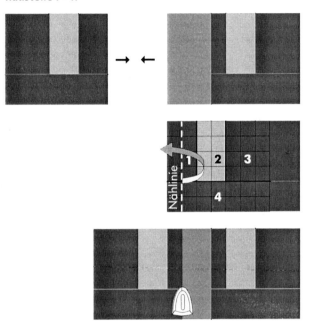

Beginnen Sie mit dem Zusammennähen der beiden unteren Hausteilhälften I + II.

a) Dazu legen Sie diese wie dargestellt rechts auf rechts aufeinander und nähen sie entlang der Nählinie zusammen.

b) Anschließend werden die Hausteilhälften auseinandergebügelt.

Dach + Hausteile I und II

Zum abschließenden Zusammennähen von Dach und den unteren Hausteilen werden auch diese beiden Teile rechts auf rechts aufeinandergelegt, entlang der Nählinie zusammengenäht und zu guter Letzt umgebügelt.

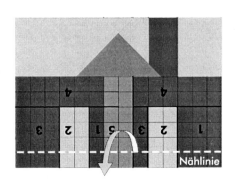

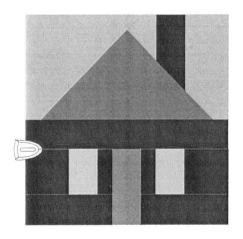

Nähen der Tannen

Der Nähvorgang ist wieder ähnlich dem, wie es bereits bei den Hausteilen zuvor beschrieben worden ist.

Nähen Sie also die Stoffe auf die vorbereiteten Vliese.

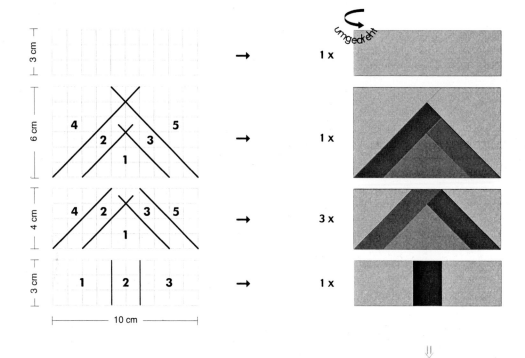

Zum Schluss können die sechs Einzelteile zur Tanne zusammengenäht werden.

Darstellung mit Nahtzugaben

ZUSAMMENNÄHEN DER GESAMTEN ARBEIT

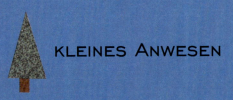

KLEINES ANWESEN

KLEINES ANWESEN

Das Muster »kleines Anwesen« besteht aus sieben Teilen - drei Häusern und vier Tannen.

Rechts sehen wir die Reihenfolge für das abschließende Zusammensetzen, unten rechts das fertige Bild, unten links wie es umgedreht von der Vliesvorderseite aussehen würde.

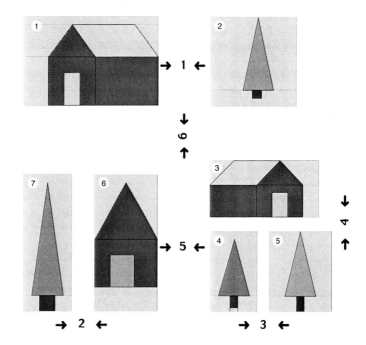

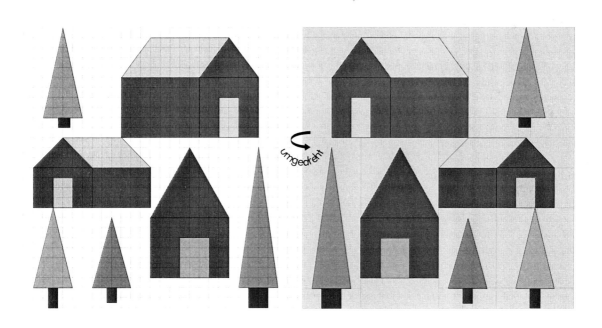

Auf den folgenden beiden Seiten wollen wir die Vliese, die für die sieben Teile benötigt werden, näher betrachten.

16 kleines Anwesen

Für die einzelnen Teile werden die Vliese wie dargestellt vorbereitet:
- zuschneiden,
- aufzeichnen der Nählinien,
- vermerken der Nähreihenfolgen.

 →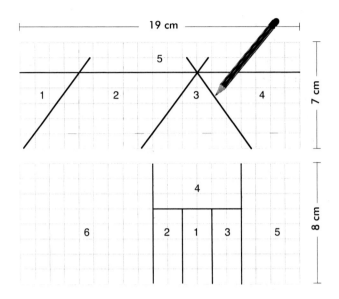

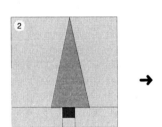 →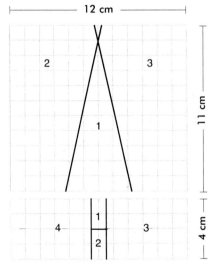

 →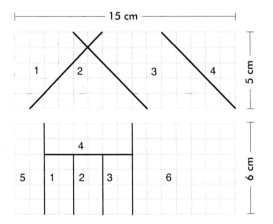

kleines Anwesen 17

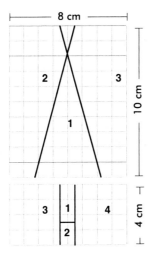
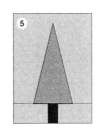
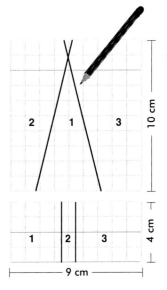

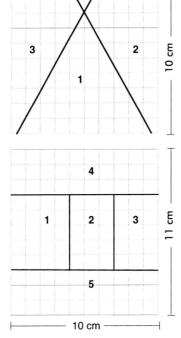
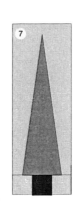
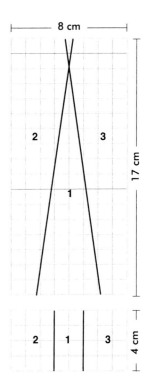

BLOCKHÄUSER

Blockhaus 4

Blockhaus 5

Blockhaus 3

Blockhaus 1

Tanne

Blockhaus 2

Blockhäuser mit Tannen

Stadtrandansicht   (nur Abbildung - Nähanleitung ist nicht im Buch enthalten)

BLOCKHAUS 1

Darstellung ohne Nahtzugaben
14 x 14 cm

Das Blockhaus 1 bietet einen einfach zu nähenden Einstieg in die Welt der Blockhäuser.

Die Maße des Vlieses sind **16 x 16 cm**. Nach dem Zuschneiden können die Nählinien aufgezeichnet und die Ziffern für die Nähreihenfolge vermerkt werden.

Die Stoffe werden wie immer auf der Rückseite des Vlieses angebracht und dabei von der Vliesvorderseite her entlang den Nählinien angenäht.

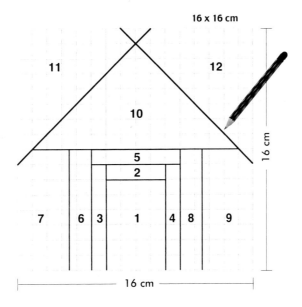

Blockhaus 2

Blockhaus 2

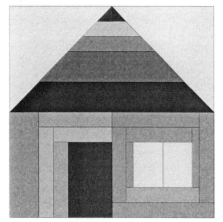

Darstellung ohne Nahtzugaben
14 x 14 cm

Hausteile dargestellt mit Nahtzugaben

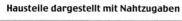

Dach

Hauswand mit Eingang

Hauswand mit Fenster

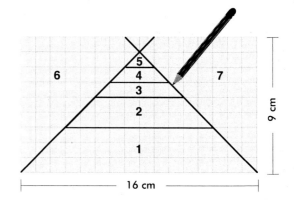

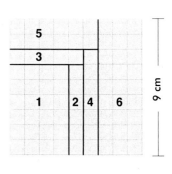

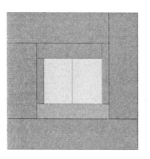

BLOCKHAUS 3

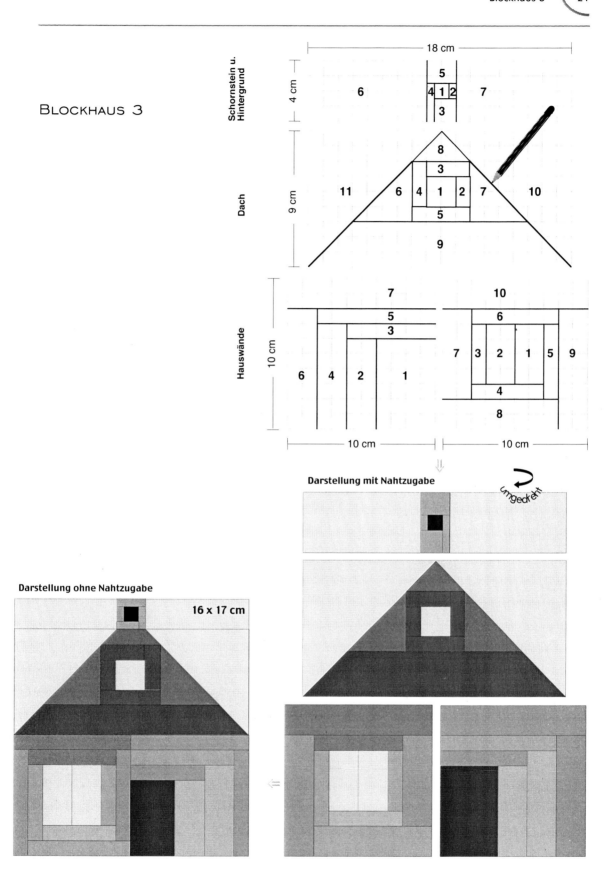

Blockhaus 4

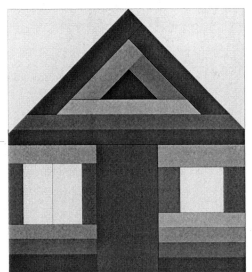

16 x 17 cm

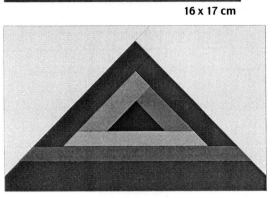

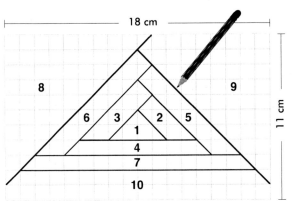

18 cm — 11 cm

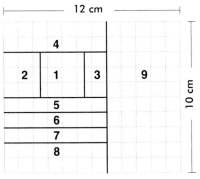

12 cm — 10 cm

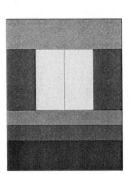

8 cm — 10 cm

Blockhaus 5

10 x 18 cm

Blockhaus 5

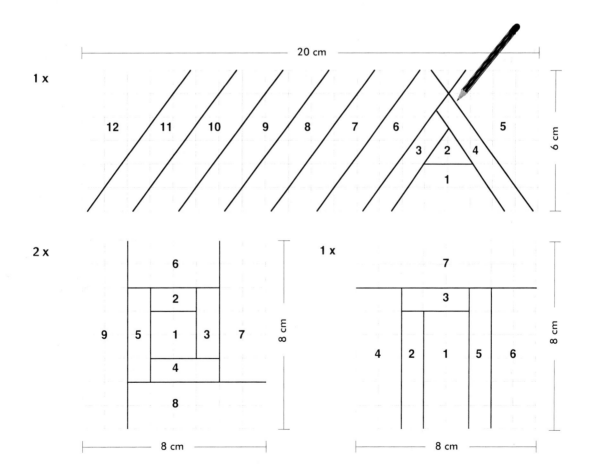

Blockhaus 6

In der rechten Reihe unten sehen wir die für die unterschiedlichen Hausteile benötigten Vliese, die in der dargestellten Weise vorbereitet werden können.

In der linken Reihe sind die einzelnen Hausteile in benähtem Zustand zu sehen. Beim Dachteil sind vorsorglich nur die Stoffe 1 - 5 im aufgenähten Zustand dargestellt, da dieses, wie Sie auf der nächsten Seite unter Schritt C nachvollziehen könnnen, zunächst nur mit diesen Stoffen mit dem angrenzenden Teil zusammengenäht wird. Erst später werden die Stoffe 6 und 7 und schließlich noch 8 und 9 angenäht.

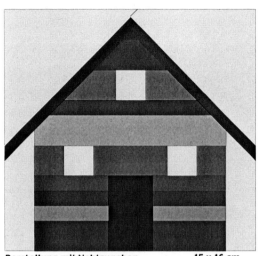

Darstellung mit Nahtzugaben 15 x 16 cm

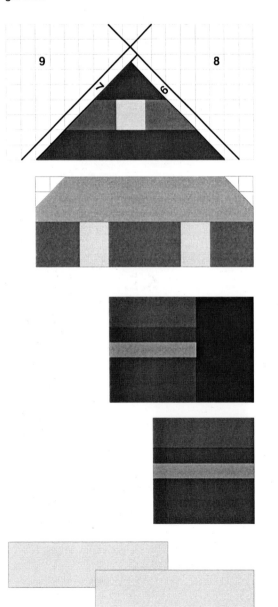

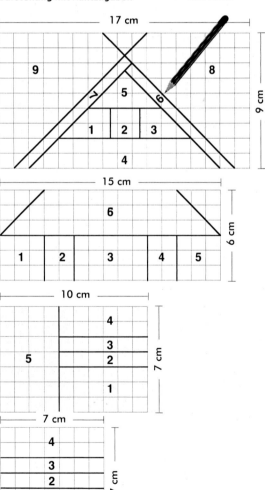

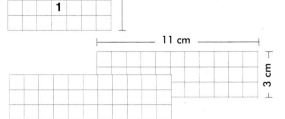

Das Zusammennähen

Wie die Teile des Blockhauses 6 zusammengenäht werden, können Sie an den sechs hier dargestellten Schritten nachvollziehen.

I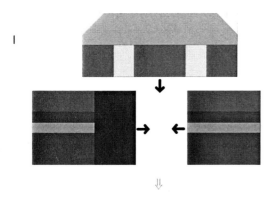

II

III¹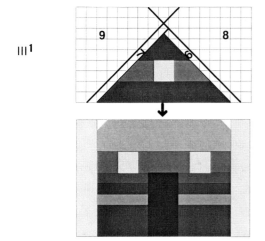

III²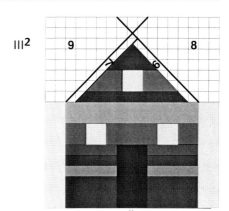

IV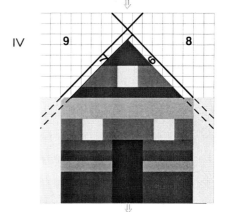

V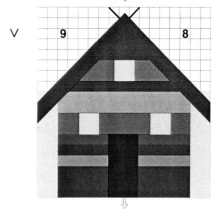

VI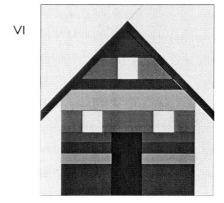

Tanne

dargestellt ohne Nahtzugaben
15 x 15 cm

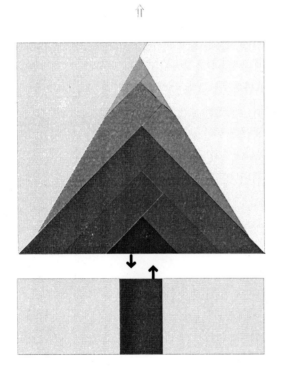

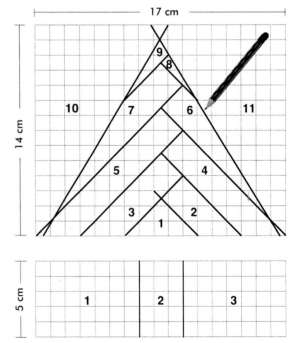

Stadtansicht

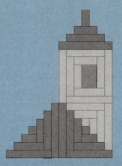

Hier sehen wir die Stadtansicht nochmals, dieses Mal grafisch dargestellt. Die Zusammenstellung der einzelnen Häuser zur Gesamtkomposition lässt sich dabei deutlicher nachvollziehen als auf der fotografischen Darstellung der Seite zuvor.

Ohne Rand hat die Stadtansicht die Maße 56 x 56 cm. Art und Größe der Umrandung können Sie entsprechend Ihren Vorstellungen gestalten.

Die Elemente, aus denen die Stadtansicht gebildet ist, sind alles »Log Cabin-Blöcke« - acht in jeder Reihe. Nähtechnisch handelt es sich dabei um vier nur geringfügig abgewandelte Grundmuster, die dann allerdings farblich jeweils in das Gesamtbild eingepasst sind.

Die Bedeutung des Blockhausmusters für diese Arbeit ist nicht zu übersehen. Eine kurze Einführung dazu finden Sie auf der übernächsten Seite.

ohne Rand - 56 x 56 cm

Wozu dient nun diese grafische Darstellung, werden Sie sich fragen. Mit dieser Skizze möchte ich eine mögliche Herangehensweise an den Entwurf einer Stadtansicht zeigen. Auf kariertes Papier zeichnen Sie zunächst 64 Quadrate à 7 x 7 cm ein. Durch dieses ungerade Maß können die Turmspitzen mittig platziert werden. Allerdings sind dann wiederum die Fenster, wenn man diese quadratisch macht, nicht in der Mitte der Blockelemente. Aber es lässt sich durch die Gesamtanordnung der Häuser wieder eine Ausgewogenheit erzielen.

Sind die 64 (8 x 8) Blockelemente konturiert, können Sie die Umrisse der Häuser einzeichnen. Es empfiehlt sich der besseren Übersicht wegen, die Dächer dabei auszumalen. Die unten sichtbaren Nählinien für die einzelnen Blockhauselemente brauchen natürlich nicht vorgezeichnet zu werden. Auch die Fenster sind nebensächlich.

Sie können Ihre Stadtansicht nicht nur in neuer perspektivischer Anordnung konzipieren, sondern diese auch vergrößern oder verkleinern, wobei sich dann allerdings auch die Anzahl der Blockhaus-Elemente ändert.

Eine Prise Theorie zum Blockhausmuster

Die gesamte Stadtansicht wird aus dem Log Cabin gebildet.

Das Log Cabin, zu deutsch Blockhaus, weist auf die einfache Blockhütte der amerikanischen Siedler hin. Diese textile Interpretation des Blockhüttenbaus ist eines der populärsten Patchworkmuster. Wie die meisten anderen traditionellen Muster erhielt auch dieses seinen Namen von den Pionieren. Es gehört zu den großen Klassikern im amerikanischen Patchwork und ist mit viel Romantik verbunden. Nach einer amerikanischen Redeweise ist der Log Cabin nicht nur ein Quilt, er ist auch ein Gefühl. Für die Siedler bildete eine Hütte den notwendigen Schutz gegen die Elemente. Das zentrale Quadrat symbolisiert das Herz des Heims: häufig repräsentiert eine rote Mitte den Kamin, die zentrale Feuerstelle, die Quelle von Wärme und Behaglichkeit; ein gelbes Mittelstück steht für eine am Fenster aufgestellte Laterne. Die Wärme und das Licht von Kamin und Laterne sorgten für Sicherheit und waren schlechthin der Sinn und Zweck eines Heims.

Somit sind die zentralen Vierecke traditionell immer in einer Farbe, die dem es umgebenden Muster Stabilität und Einheit geben. Bei den hier für die »Stadtansicht« zu verwendenden Blockhausmustern muß das Herzstück selbstverständlich nicht zwangsläufig rot sein, vielmehr wird es der Farbkomposition im Gesamten angepaßt.

Das Log Cabin lebt vom Hell-Dunkel-Kontrast der Blöcke. Es fordert dabei nicht unbedingt hübsche Stoffe - fast alles ist möglich. Insbesondere dies war ein wesentlicher Grund für die Popularität des Log Cabin unter den Pionierfrauen. Natürlich läßt sich mit besonderen, ausgewählten Stoffen auch ein dementsprechend schöneres Blockhausmuster schaffen. Bei der Stadtansicht müssen die Stoffstreifen bzw. Blöcke nicht in allen Fällen farblich so gegenüberliegend angeordnet werden, daß ein Kontrast entsteht. Maßgeblich im vorliegenden Gesamtmuster ist selbstverständlich immer der zu erzielende bildhafte Gesamteindruck, nämlich die Häuserfront als Ganzes.

Die Blöcke

Die Grundlage für jedes Werk nach dem Blockhaus-Muster sind die Blöcke. Die zahllosen Möglichkeiten, die Blöcke aneinanderzufügen, bilden im allgemeinen den Anreiz für die Wahl dieses Musters.

Alle Log Cabin-Blöcke werden aus um ein Zentralstück gruppierte Streifen, den Stämmen, gebildet. Die Breite und Zahl der Streifen können variieren. Auch verschiedenste Farbkompositionen sind möglich, wobei im Allgemeinen allerdings immer ein Hell-Dunkel-Kontrast gewahrt bleiben muß.

Obwohl schon die möglichen Variationen der Blöcke zahllos sind, haben sich doch einige Grundtypen herauskristallisiert.

Das gebräuchlichste Muster ist der auch in unserem Beispiel verwendete *traditionelle* Log Cabin-Block. Es wird vom Mittelstück ausgehend herausgearbeitet. An die Mitte wird ein Streifen angebracht und daran anschließend im oder gegen den Uhrzeigersinn, quasi spiralenförmig, die weiteren.

Stadtansicht 31

Für die ganze aus den 64 Blöcken bestehende Häuserfront der Stadtansicht bilden die vier hier abgebildeten Blockhausmuster die Grundlage. Diese Grundelemente unterscheiden sich nur geringfügig; der Nähvorgang bleibt im Kern derselbe. Die Vliese sind jeweils **9 x 9 cm** groß.

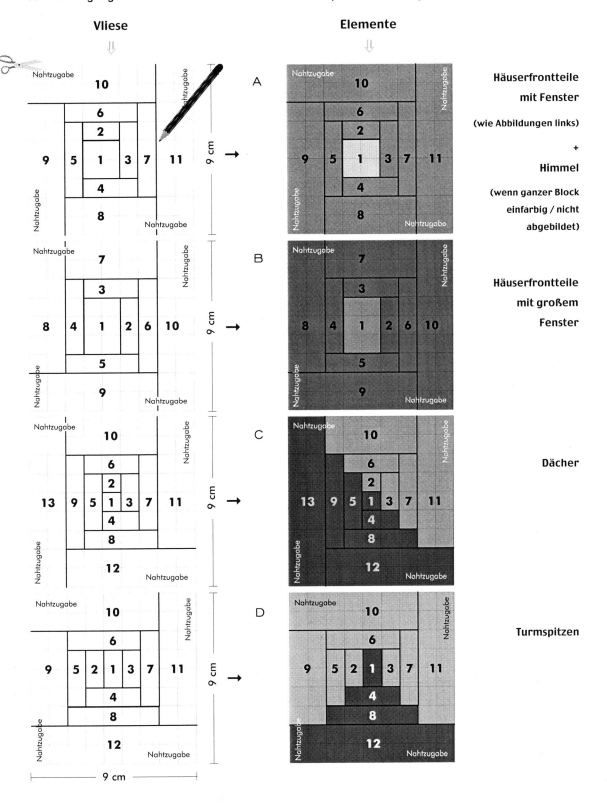

Häuserfrontteile mit Fenster
(wie Abbildungen links)
+
Himmel
(wenn ganzer Block einfarbig / nicht abgebildet)

Häuserfrontteile mit großem Fenster

Dächer

Turmspitzen

Der Nähvorgang

Sie haben die Vliese vorbereitet? Das heißt, Sie haben diese in den Maßen 9 x 9 cm zugeschnitten, die Nählinien aufgezeichnet und die Nähreihenfolgen vermerkt? Dann kann mit dem eigentlichen Nähvorgang begonnen werden.

Vorab noch ein Wort zu den Stoffen. Sie benötigen unterschiedliche Stoffe für Dächer, Hauswände, Fenster und Hintergrund. Die Stoffstreifen sind jeweils **3 cm** breit.

Die Stoffe werden immer auf der nichtbedruckten Seite des Vlieses (der Rückseite) angelegt. Entlang den Nählinien werden sie dann von der bedruckten Vliesvorderseite her festgenäht, es sei denn, Sie benutzen einen Abstandhalter wie auf Seite 05 beschrieben, dann können die Stoffe, ohne das Arbeitsstück wenden zu müssen, von der Vliesrückseite her angenäht werden.

Der Nähvorgang wird im folgenden beispielhaft am Element C dargestellt.

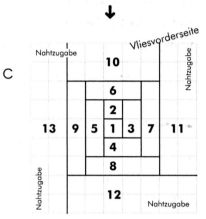

Die Stoffquadrate der Mitte

Im ersten Nähschritt sind zwei farblich passende **Stoffquadrate à 3 x 3 cm** aufzunähen.

Dazu werden die Stoffe rechts auf rechts auf der Rückseite des Vlieses aufgelegt, von der Vliesvorderseite her festgenäht...

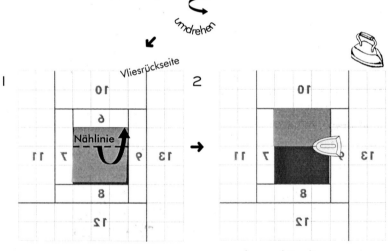

...und umgebügelt.

Streifen 3

Stoff 3 kann nun auf den beiden angenähten Stoffen rechts auf rechts angelegt, von der Vliesvorderseite her entlang der Nählinie angenäht ...

...und umgebügelt werden.

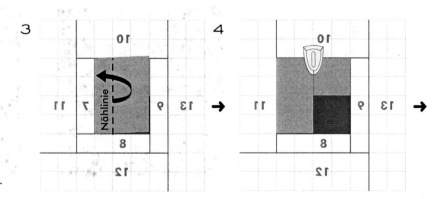

Streifen 4

Stoff 4 wird jetzt rechts auf rechts auf den beiden Quadrate angelegt, von der Vliesvorderseite her entlang der Nählinie angenäht ...

...und umgebügelt.

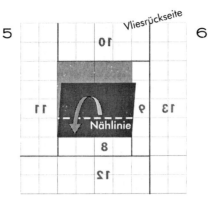 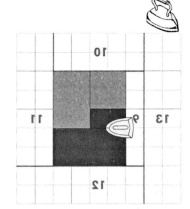

Streifen 5

Stoffstreifen 5 rechts auf rechts auflegen, annähen und umbügeln.

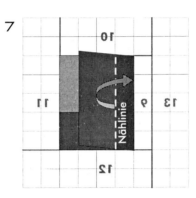 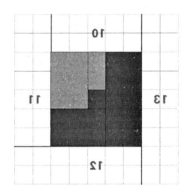

Streifen 6

Stoff 6 ebenso rechts auf rechts auflegen, annähen und umbügeln.

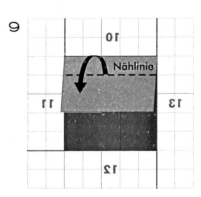 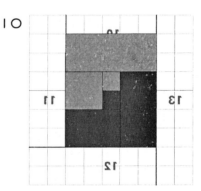

usw.

und so weiter mit den restlichen Stoffstreifen

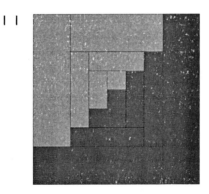 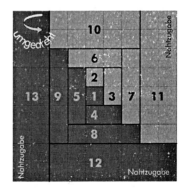

Fachwerkhaus

Materialien

Stoffe

Stoffe benötigen Sie für das Fachwerk, die Steinwände, die Fenster und den Hintergrund.

Vliese

Schneiden Sie drei Vliese in den unten dargestellten Maßen zu, zeichnen Sie auf diesen die Nählinien ein und vermerken Sie auch vorsorglich die Nähreihenfolgen.

Gehen Sie bei den Außendachbalken so vor, dass Sie zuerst die Linie für die Außenkante und dann parallel dazu die innere Linie in exakt 1 cm Abstand aufzeichnen. Nehmen Sie dafür ein Lineal zu Hilfe.

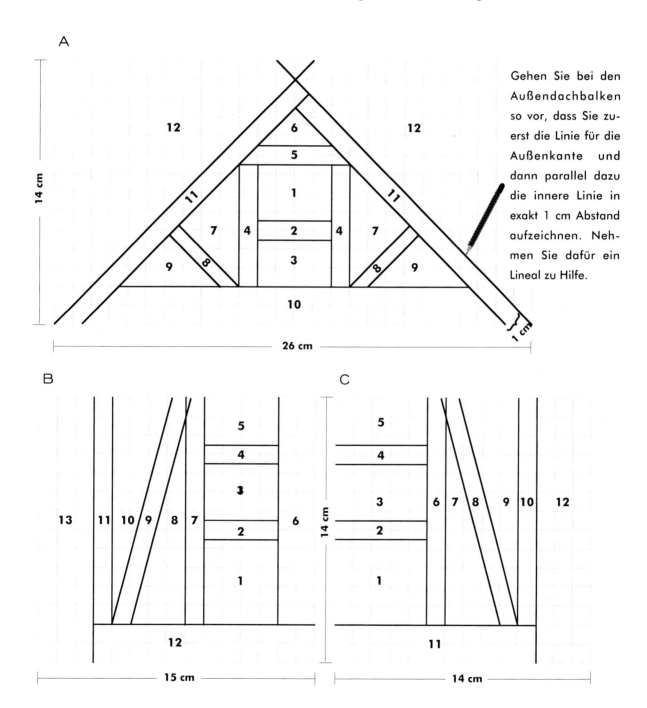

Nähvorgang

A Dach

1

Platzieren Sie für das Fenster die Stoffe 1 und 2 und nähen Sie diese von der Vliesvorderseite her entlang der Nählinie an.

2

Bügeln Sie die Stoffe dann um.

3

Nun kann Stoff 3 angelegt werden.

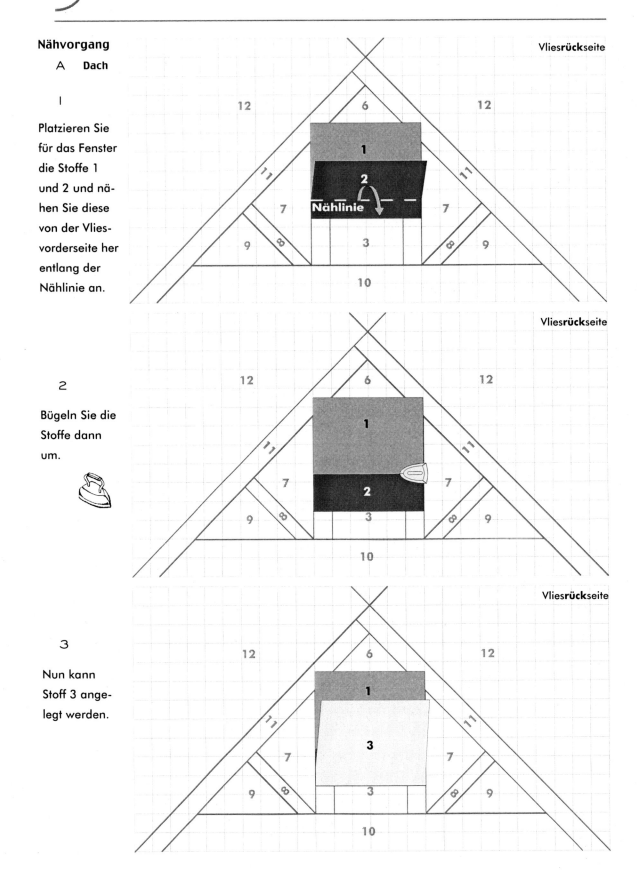

Fachwerkhaus

4

Nachdem Stoff (3) von der Vliesvorderseite her angenäht worden ist,...

... wird er umgebügelt.

5...

In der bisher beschriebenen Weise werden die weiteren Stoffe in der angegebenen Reihenfolge (4) bis (12) auf das Vlies genäht.

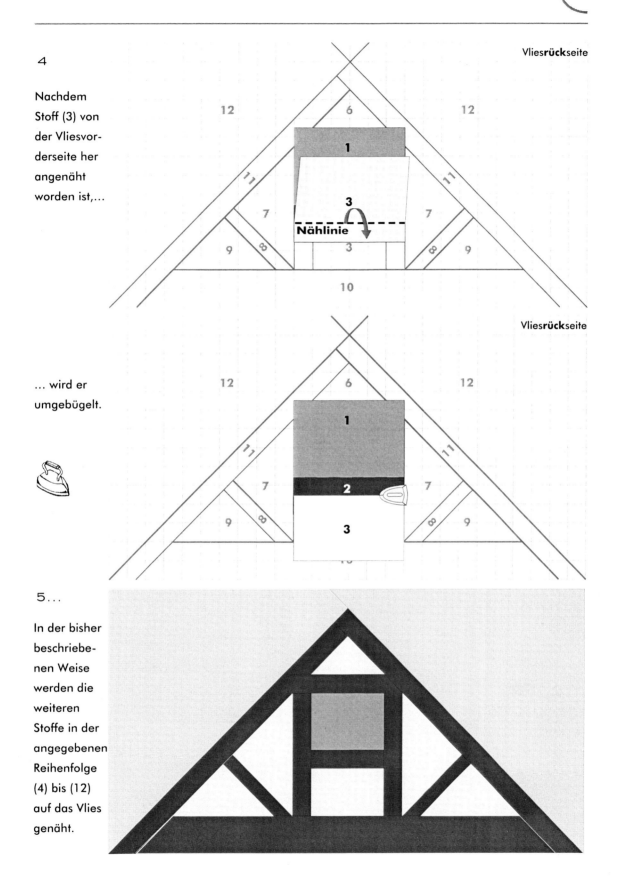

Nähen der Hauswand

Die Hauswand wird aus den unten dargestellten Teilen B und C gebildet. Dazu werden die Stoffe in der nun bereits bekannten Weise und der angegebenen Reihenfolge nach auf die Vliese genäht.

Zusammennähen der drei Hausteile

Hier sehen wir die drei vorbereiteten Hausteile A, B und C von der Vliesvorderseite her.

Wie bereits zuvor beim Nähvorgang sind die Stoffe auch hier zur besseren Orientierung grafisch hervorgehoben. Im Original sieht man natürlich die auf der Vliesrückseite aufgenähten Stoffe nicht so deutlich durchschimmern.

Begonnen wird mit dem Zusammennähen der beiden unteren Teile B und C. Diese werden dazu rechts auf rechts aufeinandergelegt und von der Vliesvorderseite her zusammengenäht. Zum Abschluss werden die Stoffe wie immer umgebügelt.

Wie dann noch das Hausdach A und die Hauswände B/C zusammengenäht werden, ist auf der nächsten Seite dargestellt.

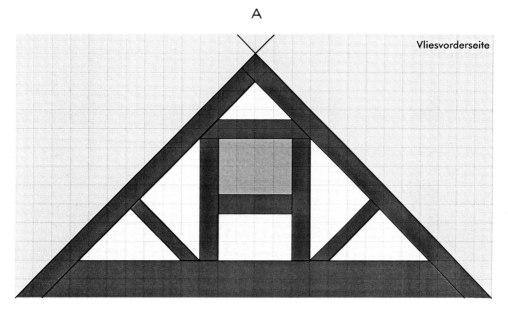

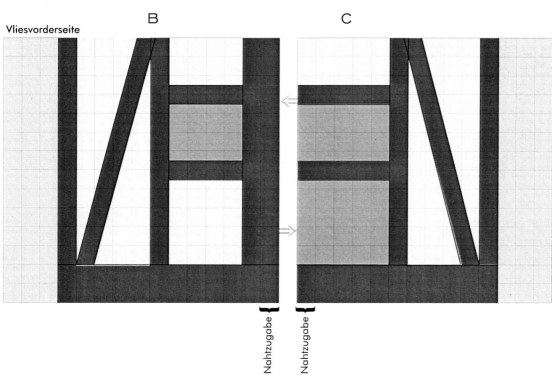

Zusammennähen von Dach und Hauswand

Auch hier werden zunächst die beiden Teile, also das Dach (A) und die Hauswand (B/C), für das anschließende Zusammennähen rechts auf rechts übereinander platziert.

> Beim Anlegen ist darauf zu achten, dass, wie unten mit den Pfeilen dargestellt, die durch den Dachgiebel verlaufende Vlieslinie zwischen den beiden Linien des Mittelbalkens der Hauswand zu liegen kommt.

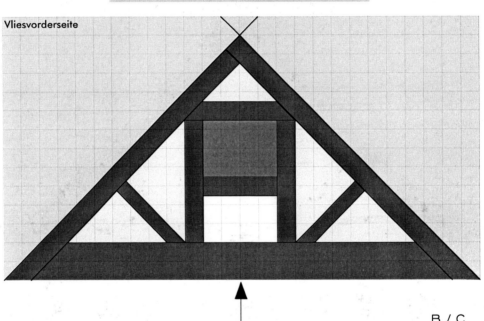

A

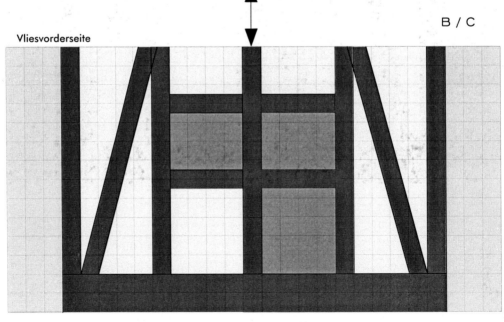

B / C

Begradigen der überstehenden Wandteile

Sind alle Hausteile zusammengenäht, stehen rechts und links noch je 1/2 cm der Hauswand über. Diese Reste können Sie wie dargestellt abschneiden.

Zu guter Letzt können Sie noch eine Umrandung nach eigener Wahl anbringen.

Dorf

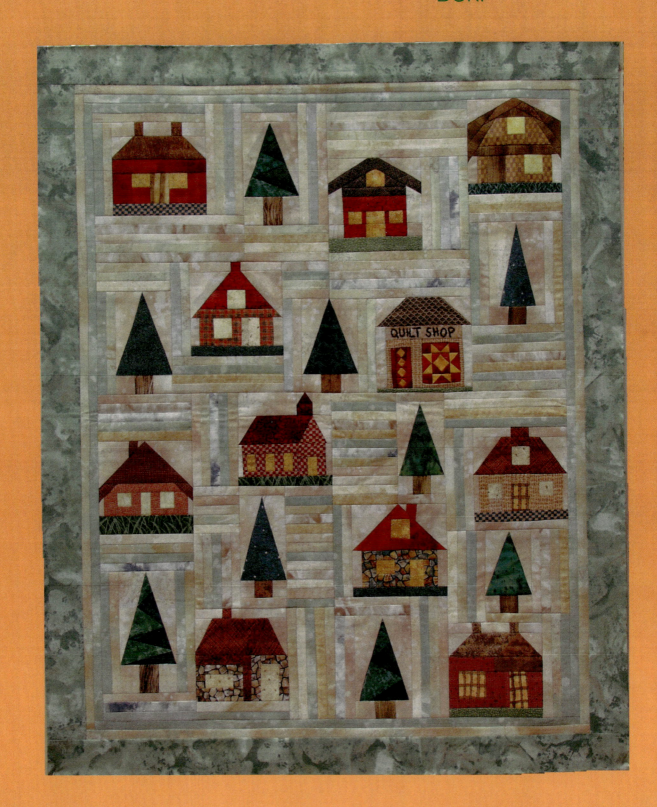

Dorf

Übersicht zu den Größenanordnungen

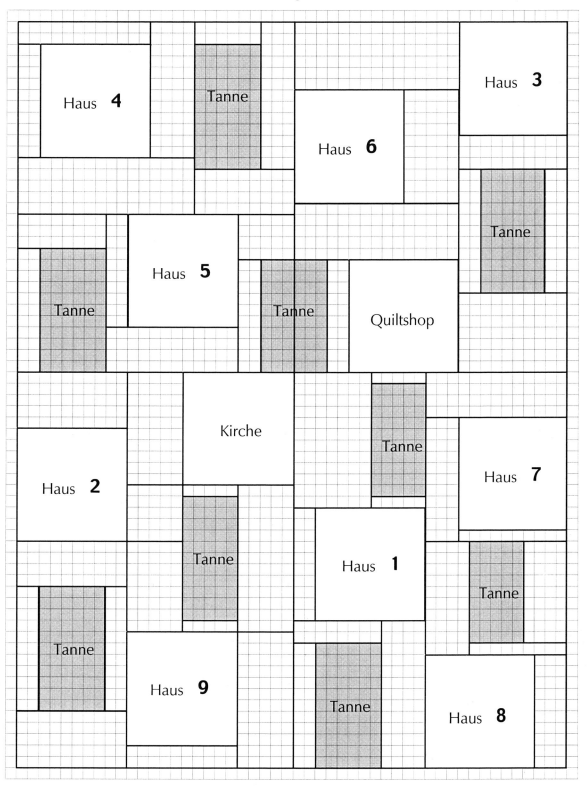

Dorf

grafische Übersicht

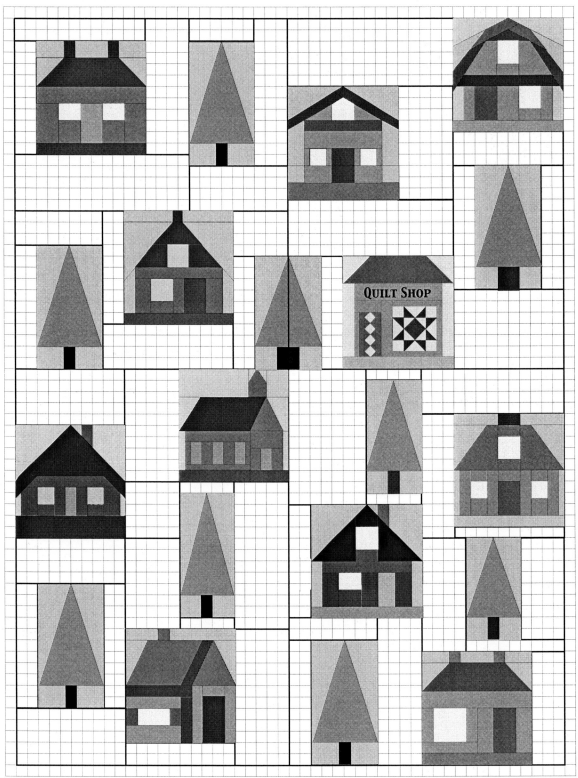

Dorf / Haus 1 | 45

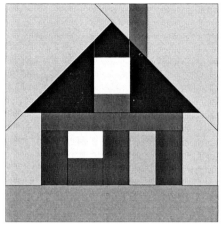

Darstellung mit Nahtzugaben

Haus 1

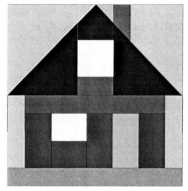

Darstellung ohne Nahtzugaben

Oben links ist Haus I noch mit den Nahtzugaben dargestellt. Rechts daneben sehen wir das Haus ohne Nahtzugaben, so wie es letztlich im Erscheinungsbild des Gesamtmusters »Dorf« zu sehen ist.

Begonnen wird wie immer mit dem Vorbereiten der Vliese. Dazu werden diese zunächst in den erforderlichen Maßen zugeschnitten; es folgen das Aufzeichnen der Nählinien und das vorsorgliche Eintragen der Nähreihenfolge.

Beim Haus 1 können Sie unter zwei möglichen Vorgehensweisen wählen. Sie können die Stoffe auf ein einziges Vlies nähen oder alternativ dazu auch zwei Vliesteile zugrundelegen. Das Vlies der erstgenannten Variante ist rechts unter „A" dargestellt. Dabei ist zweimal mit Luftnähten zu arbeiten: 11 a - e und 13 a - c. Wer sich für die Alternative entscheidet, findet die zwei erforderlichen Vliesteile in Grafik „B". Es muss dabei nur einmal, beim Schornstein und Hintergrund, den Teilen 7 a - c, mit Luftnähten gearbeitet werden.

Auf den folgenden Seiten stelle ich dar, wie das Haus auf Basis des Vlieses „A" genäht wird. Bei den weiteren Häusern kann dann auf den dabei erworbenen Kenntnissen aufgebaut werden.

Vliese

A

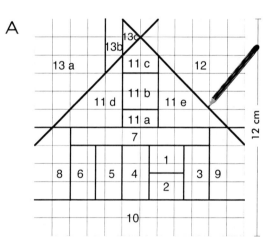

B1

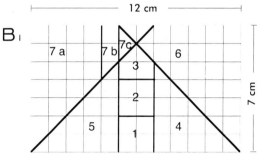

B2

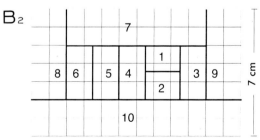

Nähvorgang

Wie schon erwähnt kann bei der gewählten Nähweise für das Haus 1 mit zwei Besonderheiten aufgewartet werden: beim Dach ist gleich an zwei Stellen mit Luftnähten zu arbeiten. Ich werde darauf ausführlich eingehen.

Die weiteren Häuser können dann in ähnlicher Weise und nach den dort jeweils vorgegebenen Nähreihenfolgen genäht werden. Manche Häuser bestehen aus zwei (Vlies)teilen, die Kirche sogar aus vier.

1 Platzieren Sie die Stoffe 1 und 2 rechts auf rechts auf der Vliesrückseite. Stoff Nr. 1 liegt dabei auf dem Vlies, Stoff 2 darüber.

3 Hier wird Stoff 3 auf den bereits angenähten Stoffen 1 und 2 rechts auf rechts angelegt, ...

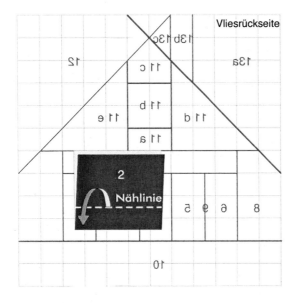

2 Nähen Sie dann die beiden Stoffe entlang der Nählinie von der Vliesvorderseite her fest und bügeln Sie sie auseinander.

4 ...wieder von der Vliesvorderseite her festgenäht und anschließend umgebügelt.
In gleicher Weise können die weiteren Stoffe für die untere Haushälfte angenäht werden.

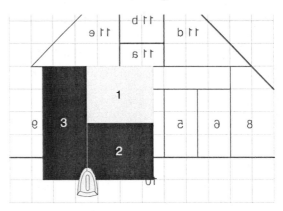

Luftnähte

Die Stoffe 11a - e für das Dach sowie 13a - c, die Stoffe für Kamin und Hintergrund, werden vorab mit Luftnähten aneinandergenäht.

Hier auf dieser Seite ist dargestellt, wie die Stoffe 13 a - c jeweils mit 1 cm Nahtzugabe zugeschnitten worden sind.

Wie die Stoffe mit Luftnähten aneinandergenäht werden, sehen Sie auf der nächsten Seite.

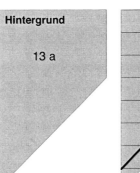

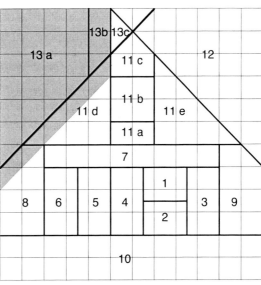

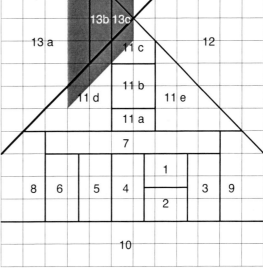

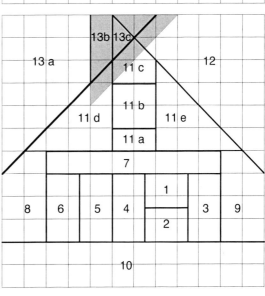

Zusammennähen der Stoffe
13a + 13b + 13c
– Luftnähte

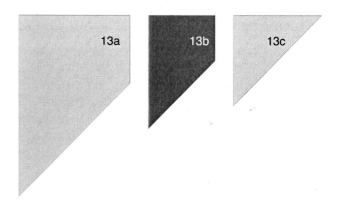

Stoffe 13a + 13b

rechts auf rechts aufeinander platzieren	zusammennähen	umbügeln und überstehendes Teilstück abschneiden	

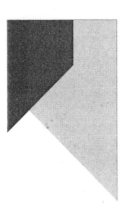  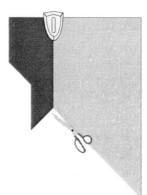 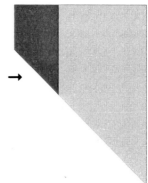

Stoffe 13a/b + 13c

rechts auf rechts aufeinander platzieren	zusammennähen	umbügeln und überstehendes Teilstück abschneiden

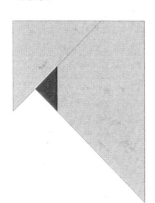  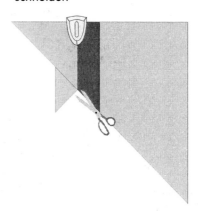

Dorf / Haus 1 49

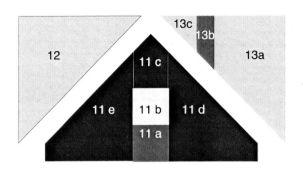

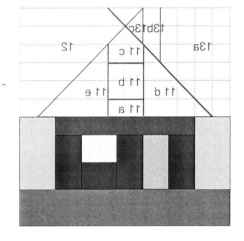

Annähen der drei Dachteile

Wenn Sie dann auch das aus den Stoffen 11a - e bestehende Dach mit Luftnähten vorbereitet haben, können die drei Dachteile am Vlies aufgenäht werden. Ich denke, die Bilder unten sprechen für sich und brauchen nicht noch erläutert zu werden.

1
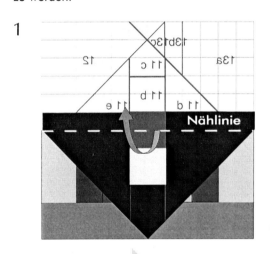

2
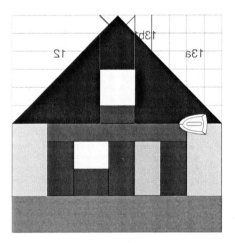

3
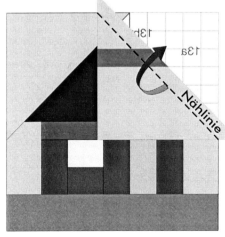

4
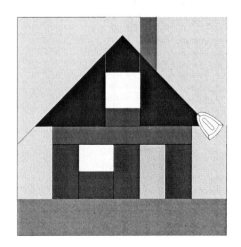

Haus 2

Vlies (12 x 12 cm)

Auch hier werden einige Bereiche zunächst per Luftnaht zusammengenäht: es sind dies die Stoffe 16 a - c sowie 8 a + b.

Beachten Sie, dass hier Nählinien für Fenster und die Türe auch zwischen den Rasterlinien des Vlieses eingezeichnet werden.

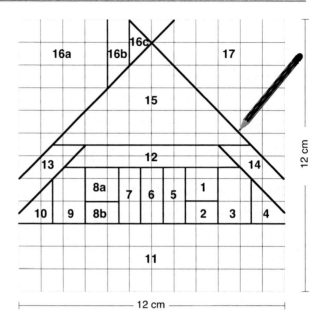

fertiggenäht - mit Nahtzugabe

fertiggenäht - Erscheinungsbild im Gesamtmuster »Dorf« (ohne Nahtzugabe)

Dorf / Haus 3 | 51

Haus 3

Vlies (12 x 12 cm)

Die Stoffe 11 a - 11 d werden vor dem Aufnähen auf das Vlies per Luftnaht zusammengenäht.

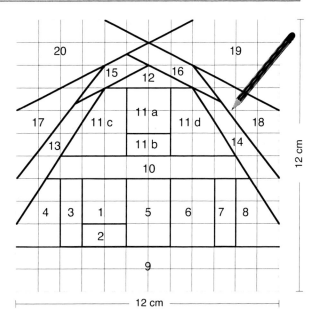

fertiggenäht - mit Nahtzugaben

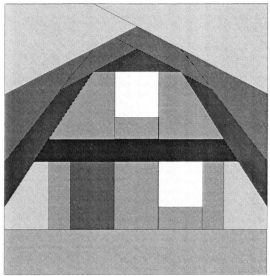

fertiggenäht - Erscheinungsbild im Gesamtmuster »Dorf« (ohne Nahtzugaben)

hier: Darstellung in abgeänderter (Farb)gestaltung des Daches

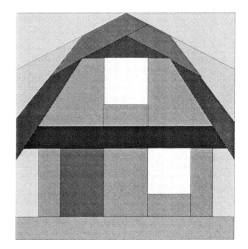

Haus 4

Dieses Haus besteht aus zwei Vliesteilen:

- Schornstein und Hintergrund **3,5 x 12 cm**
- Hauswand und Dach **10,5 x 12 cm**

Luftnähte
Die Stoffe 5a + 5b werden vor dem Aufnähen auf das Vlies per Luftnaht zusammengenäht.

Im Zusammenhang mit den Nahtzugaben möchte ich nochmals auf eine Besonderheit aufmerksam machen. Die Nahtzugaben sind auch hier - wie bei allen Vliesen - immer 1 cm breit. Da aber nun unsere beiden Vliese für das Haus 4 jeweils auf halbe cm enden (3,5 cm und 10,5 cm), empfiehlt es sich, die 1 cm vom Rand entfernt - somit also genau zwischen zwei Vlieslinien - verlaufenden Nählinien vorab aufzuzeichnen.

Natürlich enden die Stoffe dabei nicht bei diesen eingezeichneten Hilfslinien, sondern reichen jeweils bis zu den Vliesrändern!

Solche am Rand zwischen zwei Vlieslinien verlaufende Nählinien finden sich auch bei Haus 8, bei der Kirche und beim Quiltshop.

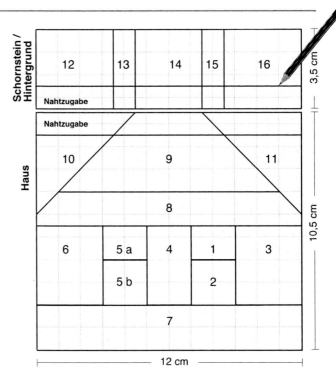

Darstellung mit Nahtzugabe

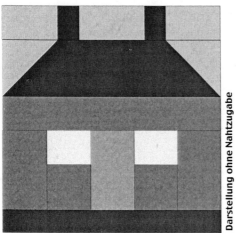

Darstellung ohne Nahtzugabe

Kirche

Die Kirche besteht aus 4 Vliesteilen.

Auf jedes Vlies werden die Nählinien wie nebenan dargestellt, eingezeichnet.

Wieder befinden sich Nählinien in einigen Fällen auch zwischen Vlieslinien, wie wir es bereits bei den Häusern 2 und 4 kennengelernt haben.

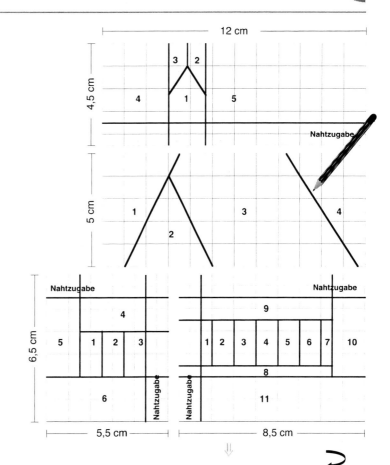

Darstellung ohne Nahtzugabe

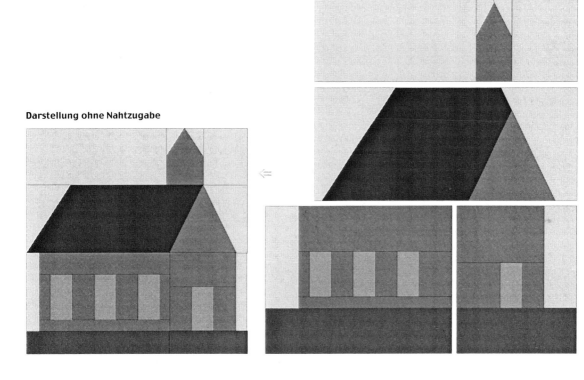

Haus 5

Wie Haus 4 besteht auch dieses Haus aus zwei Vliesteilen:

- dem Schornstein und dem Hintergrund - **3 cm x 12 cm** und dem
- Haus - **11 cm x 12 cm**.

Luftnähte

Die Stoffe 8 a - 8 c werden vor dem Aufnähen auf das Vlies durch Luftnaht zusammengenäht.

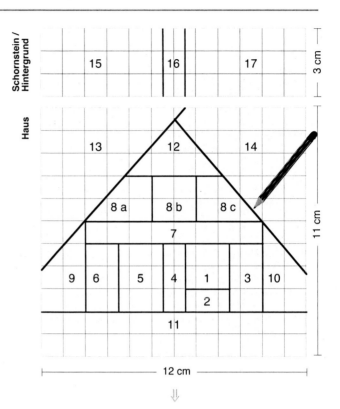

Darstellung ohne Nahtzugabe

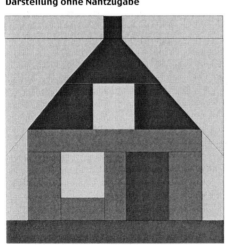

Darstellung mit Nahtzugabe

Haus 6

Das Haus besteht aus zwei Vliesteilen:

- dem oberen Hausteil - **9 x 12 cm**

und dem

- unteren Hausteil mit Boden - **5 x 12 cm**.

Luftnähte

Die Stoffe 16 a - c werden vor dem Aufnähen auf das Vlies mit Luftnaht zusammengenäht.

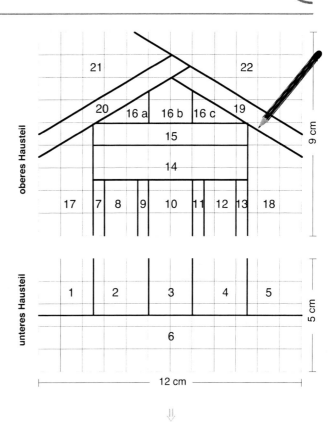

Darstellung mit Nahtzugabe

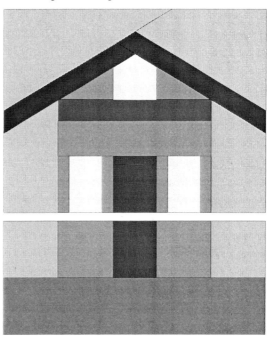

Darstellung ohne Nahtzugabe

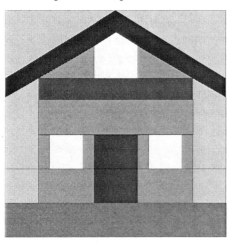

Dorf / Haus 7

Haus 7

Haus 7 besteht aus drei Vliesteilen:

- Schornstein mit Hintergrund **3 x 12 cm**
- Dach **6 x 12 cm**
- Hauswand **7 x 12 cm**

Luftnähte

Mit Luftnähten werden vorab, vor dem Aufnähen auf das Vlies, die Stoffe 7a + 7b sowie die Stoffe 9a - 9c zusammengenäht.

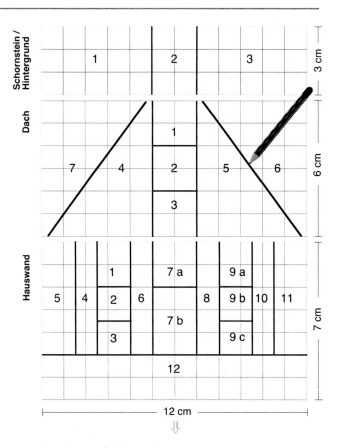

Darstellung mit Nahtzugabe

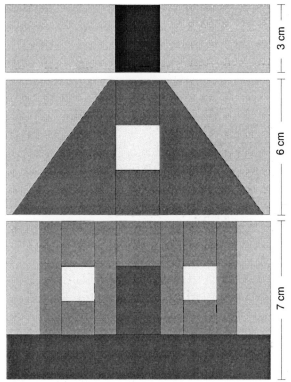

Darstellung ohne Nahtzugabe

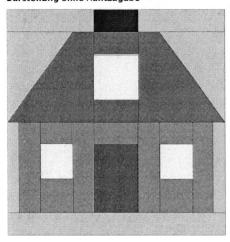

Dorf / Haus 8   57

Haus 8

Haus 8 besteht aus drei Vliesteilen:

- Schornsteinen mit Hintergrund 3 x 12 cm
- Dach 4,5 x 12 cm
- Hauswand 8,5 x 12 cm

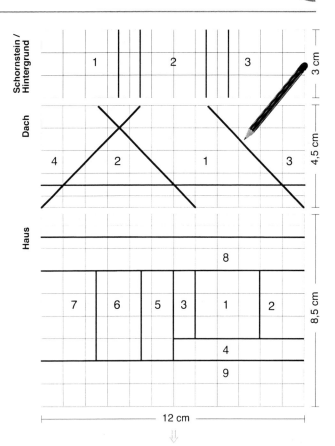

Darstellung ohne Nahtzugabe

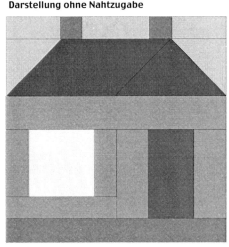

Darstellung mit Nahtzugabe

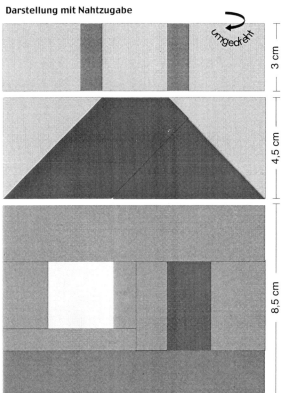

Haus 9

Haus 9 besteht aus drei Vliesteilen:

- Schornstein mit Hintergrund 3 x 12 cm
- Dach 6 x 12 cm
- Hauswand 7 x 12 cm

Luftnähte

Mit Luftnähten werden vorab die Stoffe 9a und 9b zusammengenäht.

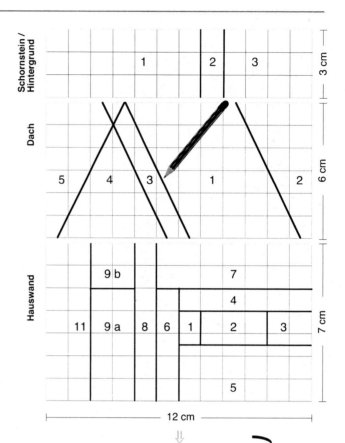

Darstellung mit Nahtzugabe

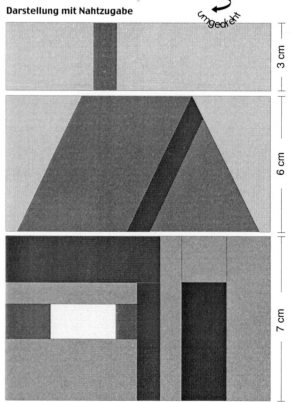

Darstellung ohne Nahtzugabe

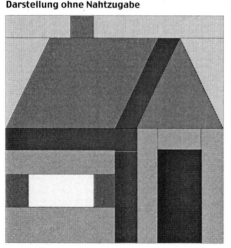

Dorf / Quiltshop

Darstellung ohne Nahtzugabe

Quilt Shop

Das Haus Quilt Shop besteht aus den unten abgebildeten sieben Vliesteilen:

- Dach 4,5 x 12 cm
- Hausteil Quilt Shop 3,5 x 10 cm
- Hintergrund seitlich der Hauswandteile je 8,5 x 3 cm
- kleineres Hauswandteil mit Eingang 7 x 5,5 cm
- größeres Hauswandteil mit Fenster 7 x 6,5 cm
- Grünfläche 3 x 12 cm

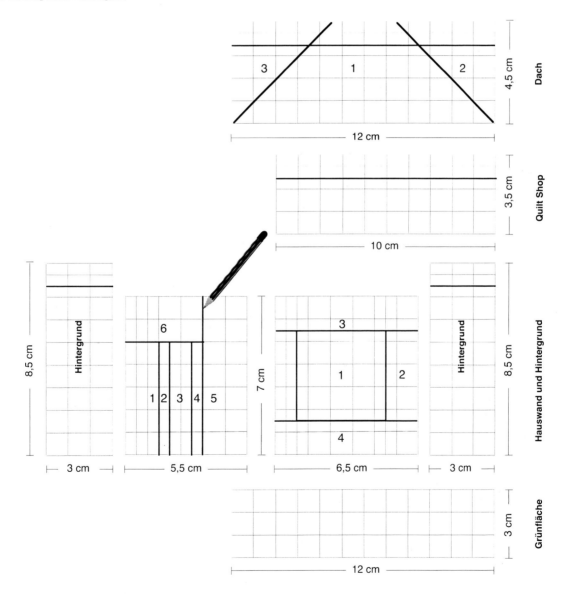

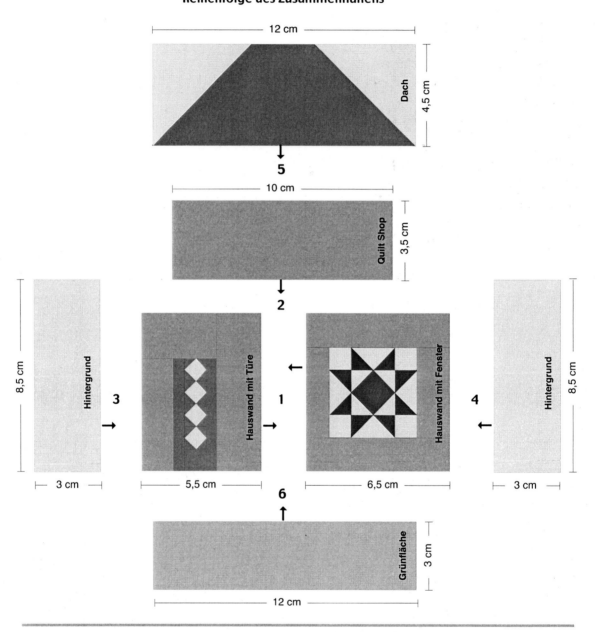

Die Teile des Quilt Shops – mit Nahtzugaben
+
Reihenfolge des Zusammennähens

DIE TANNEN

Wie nun noch die Tannen genäht werden, lässt sich mit wenigen Worten sagen. Aus der eingangs auf Seite 43 mitgegebenen Übersicht können Sie die Maße für die einzelnen Vliesteile der Tannen ablesen. Rechnen Sie dann jeweils an allen vier Seiten noch die Nahtzugabe von 1 cm dazu. Beispiele für die Nähvorgänge als solche finden sich beim Muster »Bild« dieses Buches.

HÄUSCHEN

Das Muster »Häuschen« wird aus vier **20 x 20 cm** großen Blöcken gefertigt: unten die Hausteile mit Fenster, oben die beiden Dachhälften mit Himmel. Alle Blöcke werden auf der Grundlage des traditionellen Blockhausmusters genäht.

Das Häuschen eignet sich besonders zum Weiterverarbeiten zu Taschen, Kissen oder Ähnlichem.

An **Materialien** benötigen Sie:

Vliese: 4 Vliese à **20 x 20 cm**

Stoffe:
- verschiedene Blautöne (für den Himmel als Hintergrund)
- verschiedene Rottöne (für das Dach)
- verschiedene Grautöne (für die Hauswände)
- gelb und schwarz (für die Fenster)

Vliese für die Dachhälften → 2 x

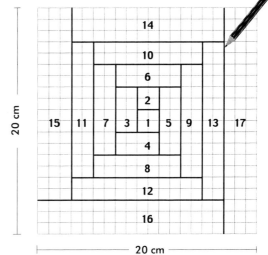

Schneiden Sie die Vliese in den Maßen **20 x 20 cm** zu und zeichnen Sie die Nählinien wie nebenan dargestellt ein.

Dann können auf den Vliesen noch die Reihenfolgen der später aufzunähenden Stoffe vorgemerkt werden.

Vliese für die Hauswand → 2 x

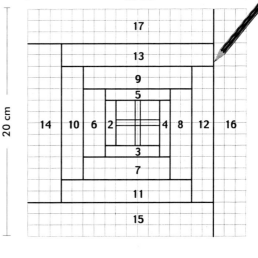

Häuschen

Nähvorgang

1. Die zwei Dachhälften

Die beiden Blöcke für das Dach sind traditionelle Blockhausmuster in ihrer einfachsten Art. Die Stoffstreifen werden der angegebenen Reihenfolge nach vom Mittelpunkt ausgehend auf das Vlies genäht. Der Nähvorgang ist dem beim Muster »Stadtansicht« beschriebenen ähnlich.

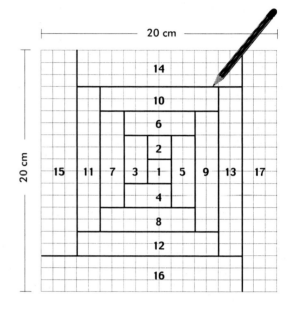

2 x

linke Dachhälfte

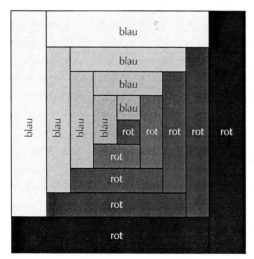

rechte Dachhälfte

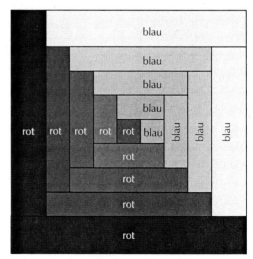

2. Die beiden Hauswandhälften

a) die zwei Fenster

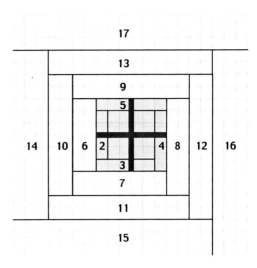

Die Fenster bilden die Mittelpunkte der beiden Blöcke für die Hauswand.

Die dafür benötigten Stoffe werden vorab (ohne Vlies) zusammengenäht.

Sie benötigen dazu drei Stoffstreifen:

gelb	2 x	3 cm breit, 12 cm lang
schwarz	1 x	2 cm breit, 12 cm lang

Beginnen Sie damit, den schwarzen Stoff für das Fensterkreuz mit dem ersten gelben Stoff zusammenzunähen. Dazu werden diese rechts auf rechts aufeinandergelegt, füßchenbreit zusammengenäht und umgebügelt.

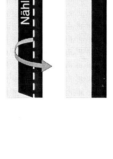

In gleicher Weise wird auch der zweite gelbe Stoff angenäht.

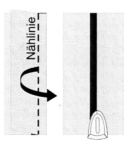

Jetzt werden die zusammengenähten Stoffe in vier 3 cm breite Streifen auseinandergeschnitten

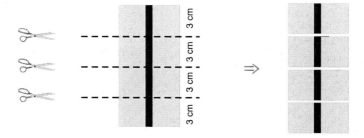

Mit einem weiteren 2 cm breiten schwarzen Stoffstreifen werden die auseinandergeschnittenen Teile zu einem Fensterkreuz zusammengenäht.

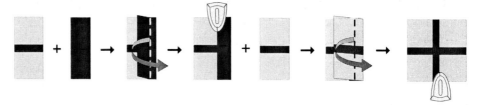

b) die zwei Blocks für die Hauswand

Mit dem Fensterkreuz als Mittelpunkt können die Stoffstreifen rundum angenäht werden und wir erhalten das uns inzwischen bekannte Blockhausmuster.

2 x

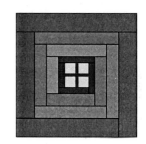

Zusammenfügen der vier Teile zum Haus

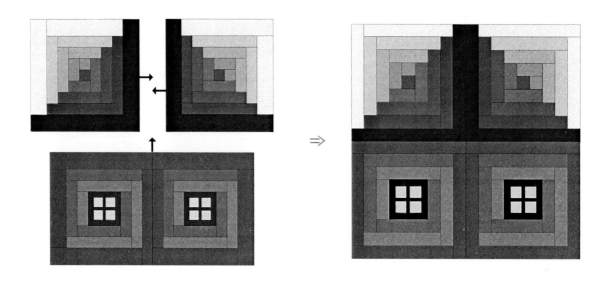

26 x 26 cm

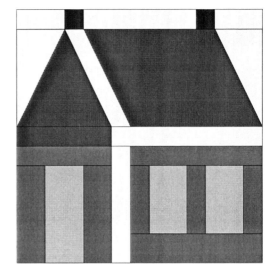

26 x 26 cm

Schulhaus

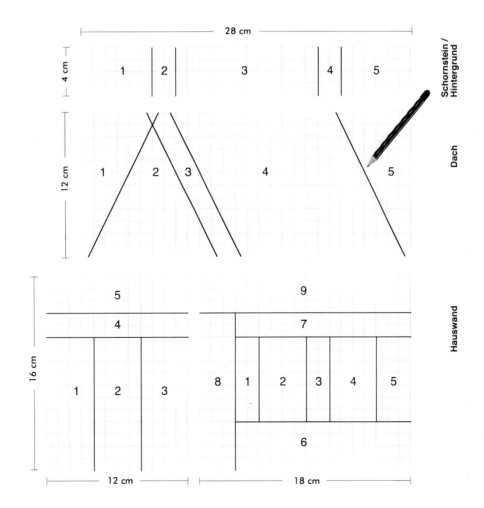

Schulhaus

Das Schulhaus ist ein traditionelles Patchworkmuster. Es ist in der Patchworkliteratur immer wieder präsent. Die Form bleibt zumeist gleich. Wie unterschiedliche Schattierungen bzw. Farben wirken, davon gibt diese Seite einen kleinen Eindruck.

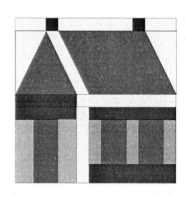

Lust auf mehr?

Hat Ihnen das Arbeiten nach diesem Buch gefallen? Möchten Sie weitere Blöcke und Muster kennenlernen?

Schritt-für-Schritt-Anleitungen sind auch zu anderen Themen erhältlich. Und immer wird dabei nach der rationellen Rastertechnik gearbeitet.

Den aktuellsten Stand zu den veröffentlichten Büchern finden Sie im Internet unter
www.patchworkverlag.de

Bestellen können Sie
- mit dem anhängenden Formular
- oder per Email: j.ruprecht@web.de
- oder rufen Sie an: ++49 (0) 7141 38 02 95

Vom kleinen Dreieck zum großen Wandbild
ISBN 3-936672-00-8

In diesem Buch entsteht aus grundlegenden traditionellen Blöcken die Komposition eines Wandbehangs.

Das schnelle Dreieck	Restemuster	Ahornblatt	Snail's Trail
Aircraft	King's X	Streifenverschnitt	Quadrat im Quadrat
Pieced Star	Roman Stripes	Blockhaus	Vögel in der Luft

Sternensampler
ISBN 3-936672-01-6

Ein Sampler ist eine Art Musterquilt. In diesem Buch erwartet Sie eine Komposition aus 20 Sternenblöcken.

Variable Star	Interwoven Star	August Block	Blazing Star
langzackiger Stern	Manhattan Star	Building Block	Night and Day
Ohio Star Variation	June Bride	Ringed Star	Oregon Coast
Laced Star	Twisting Star	Tesselating Star	Judy's Star
Twirling Star	Peaceful Hours	Needles and Pins	Ohio Star

3-D-Patchwork
ISBN 3-936672-02-4

Verschiedene Baby-Blocks und andere dreidimensionale Muster. Alle wieder Schritt-für-Schritt erklärt.

Bernd Angermann patchworkverlag

Tel.: 07141 380295
Fax: 07141 567319
Email: b.angermann@web.de
www.patchworkverlag.de

Patchworkverlag
Johanna Ruprecht
Patchwork

An
Johanna Ruprecht
Ingersheimer Str. 37/1
D-71634 Ludwigsburg

Absender:

Name

Vorname

Straße

Postleitzahl

Ort

Bestellung

Ich bestelle:

Anzahl	Titel	Preis
	Vom kleinen Dreieck zum großen Wandbild	16,40 Euro
	Sternensampler	17,80 Euro
	3-D-Patchwork	16,40 Euro
	Rund ums Haus	19,80 Euro
	Summe	

im Inland versandkostenfrei

☐   bitte informieren Sie mich auch über Neuerscheinungen Ihrer Bücher

Datum   Unterschrift

Lieferungen ins **Ausland**: es werden die jeweils anfallenden Portokosten berechnet;
Erstbestellungen aus dem Ausland erfolgen gegen Vorkasse